Über Liebe und Leben

Und alles irgendwie – anders-…

Rosenmund und Trost

von

Thomas Macek

Herausgegeben von B.G.

Privat (2019)

INHALT

Neu - 6
Irrlichter - 7
Vertrauen - 8
Tränen - 9
Wenn dein Herz dir 10
Im Regen tanzen 11
Sehnsuchtsvolle Nacht 12
Freude 13
Manchmal ein Licht 14
Die Welt ist schön

15
Meine Dunkelheit
16
Das verletzte Kind umarmen
17
Verantwortung
18
Fallen lassen
19
Venus
20
Windberührt
21
Trost
22
Rosenmund
23
Leichtigkeit
24
Viel zu viel
25
Frieden mitten unter uns
26
Schönheit sehen
27
Freude über das Kleine
28
verliebt
29
Worte der Liebe
30
kosmische Schönheit

31
hinab in das Vergangene
32
schwarze Schafe
33
Danke
34
Amsellied
35
Im letzten Sommerglühen
36
Was die Welt zusammen hält
37
Verbunden
38

Grafiken B.G.
4/10/20/30

Neu

Du dachtest, dich zu kennen,
dachtest, deine Welt durchmessen, lichte Höhen,
dunkle Täler durchstreift zu haben..
nichts Neues mehr zu finden
Doch eine Hand, leicht wie ein Windhauch, öffnet
eine nie gekannte Tür und
Traumeswelten liegen vor dir
Atemberaubende Weiten, Berge, Schattentäler, nie
erahnt nie gefühlt, aufregend,
schön und unerahnt
Wagst du den Schritt ins gewaltig Erneuernde?
Eine Blume öffnet sich dir willig, voll Vertrauen, und
ihr Duft
führt dich in unbetretene Schönheit

Irrlichter

Die Irrlichter in unseren Dunkelheiten
die süß tanzend verführenden.
gehen wir mit ihnen?
Die Gefahr nicht scheuend?
Lassen wir uns ins Dunkel führen?
Um uns dort neu zu finden?
Im Fallen fliegen zu lernen?
Durch den Sumpf, in den sie uns ziehen, ins Reine
zu gleiten?
Sie schweben vor uns.. wenn wir sie greifen
zerfließen sie
doch sie bleiben immer: immer neu, schimmernd,
strahlend, lockend
Gehst du mit ihnen? Angst verlierend, die Irre nicht
scheuend, für den süßen Gewinn
den sie dir bieten können?
Alles verlieren um Alles zu gewinnen?
Auf der Spitze zu stehe, zu fallen oder.. oder hoch
zu steigen.. das Leben neu zu
fühlen.
Wird das Irrlicht zum Segensstrahl?

8

Vertrauen

Vertrauen
Offenheit
So viel Schönes möchte das Leben dir schenken
in jedem Augenblick
So viel wunderbarer Zauber liegt um uns
Liebe, Zartheit, Anmut, Herrlichkeit..
Du entscheidest dich, es anzunehmen
Du entscheidest dich, dein Herz zu öffnen
und das Wunder einzulassen
Es kommt durch den Wind zu dir.. durch den Regen, durch die Sonne,
oder.-- durch einen wundervollen Menschen, der plötzlich in dein Leben tritt.,
und den Alltag in ein Zauberwesen wandelt.. ein Licht wird in deiner Dunkelheit,
Wärme in deiner Kälte
Leidenschaft die dich verwundert und entzückt

Tränen

Tränen, die du nie geweint ,
Klagen die du nie geseufzt
Leiden, die du nie bejammert
sie bleiben starr in dir...
vereisen deine Seele
wie ein Panzer aus Schnee
Weinen zur rechten Zeit befreit,
öffnet,
macht weich und heil
Richte deine Klage an die Sterne
Allein, in Verbindung zum Kosmos
befreie dich
und deine Tränen werden dich segnen, wie ein geweihter Quell

10

Wenn dein Herz in dir
dein Lieblingslied singt,
du neue Blumen um dich siehst
und Vogelsang dir jubelt
schön, wie nie zuvor,

dann weißt du,
dass dein Weg der richtige ist
und du dabei bist,
in dein Glück zu geh´n

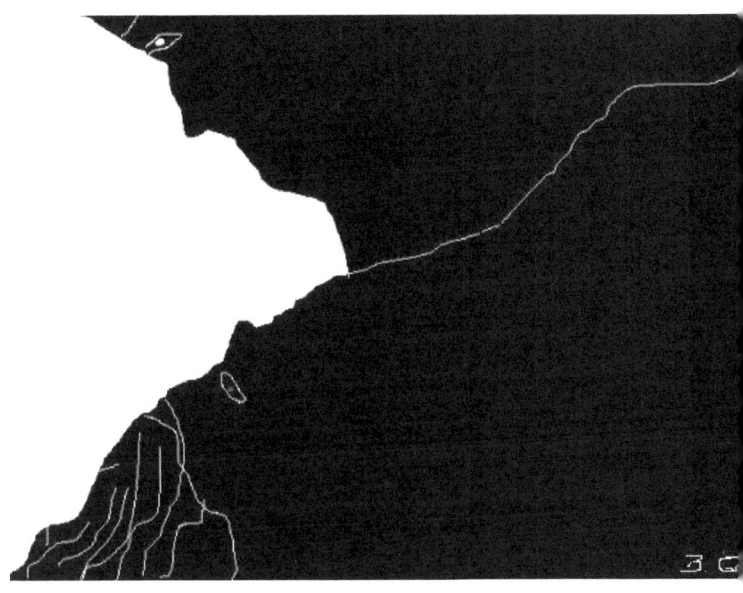

11

Regnet es,
so tanze ich den Regen,
so singe ich den Regen,
so benetze ich die Erde wie der Regen,

strahlt die Sonne

so tanze ich die Sonne,
so singe ich die Sonne
tanz ihre Hitze und ihre Glut.

Ich tanze und singe den Wind,
der durch die Baumwipfel braust
und wegreißt, was fallen muss,

Die Nacht singe ich mit ihrer Dunkelheit,
ihren Eulen und Nachtgespenstern,
und den Tag mit seinem Strahlen
seinen Tauben und Amseln.

Ich tanze und singe das Leben
in seiner Pracht und in seinem Schmerz

und wenn die Zeit gekommen ist,
wenn Gott sie mir geben mag,
und die Angst vor ihm
von mir gewichen ist

singe ich und tanze ich den Tod
ich tanze seine Ruhe
tanze seinen Schlaf
und singe seinen Trost.

12

Manche Blicke begegnen einander erst nachts,
wenn die Einsamen in fernen Ländern
sehnsuchtsvoll in den Himmel sehen

suchend,
nicht wissend, was
hoffend,
nicht wissend , worauf.

Oft sind diese Blicke leer und traurig,
und die Sterne spiegeln sich in ihren Tränen

oft sind sie müde und leer
und die Himmelslichter erreichen ihre Dunkelheit nicht.

Doch manche Blicke eint der Mond zu einem neuen Stern,
und ein süßes Amsellied
trägt sie empor
und die Einsamen fühlen
ein kaum gekanntes Glück;

und sie atmen zusammen
träumerisch in die Nacht.

Freude kann so Vieles machen,
wenn wir lernen,
die kleinen Schönheiten
des Tages zu sehen.

Ein zarter Sonnenstrahl
trotz grauen Himmels
ein freundliches Wort
im Alltagsgeschwafel
jemand , der da ist
wenn du reden willst,
all das macht das Leben süß
und freundlich
und engelsgesegnet.

Wenn wir es sehen,
nehmen
und genießen können.

14

Wenn es finster ist,
muss man manchmal
ein Licht anzünden,
damit die Leute
den richtigen Weg finden,

Wenn es finster ist,
muss man manchmal ein Licht anzünden,
wenn auch ein Paar jammern,
weil es ihnen kurz
die Augen blendet,
die ans Dunkel gewöhnt sind..

Wenn es finster ist,
muss man manchmal ein Licht anzünden,
auch wenn ein paar Gesichter dann
eher Fratzen gleich sind.

Wenn es finster ist,
muss man manchmal
ein Licht anzünden,
auch wenn sich Manche dann,
ihrer Nacktheit schämen,

Wenn es finster ist,
muss man manchmal
ein Licht anzünden,
um Klarheit zu bringen,

Und..

wenn die Klarheit
aufscheucht,
verwirrt,
verstört
und lästig ist,
naja, was soll´s..

Unsere Welt ist schön
und unsere Welt ist bunt.
weil wir alle verschieden sind,
Weil wir anders aussehen
anders sprechen
anders denken
anders fühlen.
Weil eben jeder anders ist.

das ist die Buntheit des Lebens
das zeigt die Farben des Seins.

Wir können diesen Tanz der Farben leben
und nicht die Einförmigkeit erzwingen.
Wir können Freude haben
am anders sein
und an dem, der anders ist,
spricht
denkt
fühlt.

Warum haben wir statt dessen Angst?

16

Dunkelheit
Ich begrüße meine Dunkelheiten
heiße sie Willkommen
lauf nicht mehr davon
verstecke mich nicht mehr vor ihnen
Den Schatten, den tiefen Tälern, dunklen Höhlen..
den Sümpfen im weiten Land meiner Seele.
Erkunden will ich sie, neu erfahren.. ihren
verlockenden Zauber spüren
Sie sind ja mein.. Teile meiner Ganzheit-- wollen,
nein, müssen erfahren werden..
Der Abstieg in die Düsternis ist der erste Schritt,
auf dem Weg in die Klarheit
Ich selbst warte auf mich, am dunkelsten Punkt der
dunkelsten Kammer
Ich sehe mich und nenne mich beim Namen.-- so
wird der Schrecken nicht mehr sein...

Wut

So viel Wut geht um
Angst macht wütend
Angst vor der eigenen Schwäche
Angst vor dem verletzten Kind in dir...
Wut macht Angst
Gehen wir raus aus diesem Kreis !
Kommen wir zu Ruhe!
Machen wir Frieden mit unserer Schwäche..
Umarmen das verletzte Kind in uns!
Erlauben ihm Heilung..
Geben wir denen, die uns in die Wut treiben wollen,
keinen Raum mehr---
Atmen wir frei--
ohne Angst, ohne Wut--
Handeln wir in Liebe !

18

Verantwortung
Was uns gegeben,
müssen wir bewahren,
behüten,
lieben,
verantworten.
Mit Zartheit und Sanftmut
leicht und voll Demut.
Öffnen wir unser Herz für die Schönheit der Schöpfung
wie können wir da noch Zerstörer sein, statt Liebende?
Wenden wir uns zu, nicht ab.
Verschließen wir uns nicht in Geldschränke
sondern wandern als freie Geister unter freiem Himmel!
So sind wir gemeint, so sind wir geplant,
so wollen wir sein!

19

Lass dich fallen
Lass dich fallen, um Boden zu finden
geh verloren, um dich zu finden.
Gib ab, um zu erhalten,
lass sterben, was dich hindert, lebendig zu sein.
Brich durch, brich auf
atme neues Licht
Aus dem Tod von gestern, sprießt heute neues Leben!
Aus der Angst von heute, blüht morgen Zuversicht...

Venus
Aus Liebesschaum geboren
aufgestiegen aus dem Meer
Venus
Göttin,
Herrliche
Strahlende
ich höre deinen Atem in den Winden,
die wärmend um mich wehen,
dein Flüstern und Seufzen
Spür deine Wärme in den Lüften
der Sonne, den Blumen..
und die Säfte deiner Lust in Tau und Regen...
deinen Herzschlag im Pulston der Erde
So segnend sei dein Wirken uns
den sehnend Suchenden
Die Kraft der Liebe
Die Lust am Leben
Der Sieg der Freude
gegen die Bande der Zeit.

21

Lass dich vom sanften Wind zart berühren
verführen
beleben,

Er spricht zu dir, in leisen, sinnlichen Tönen.
Bringt dir Botschaft der Freude
Lass dich vom sanften Wind tragen
fühle dich leicht, anmutig, lieblich, schön!

Trost

Wenn du einmal traurig bist
ist auch Trost um dich.
Ganz klein oft,
eine Blume
ein kleiner Vogel, der singt,
Ein Lied vor irgendwo her
Ein Lächeln auf der Straße,
ein Tier, das du streicheln kannst
Ein Funken Schönheit,
ein Sonnenstrahl
oder ein Regentropfen.
Oder ein Mensch, der dir zu Seite steht;
du brauchst ihn vielleicht nur anzurufen
Du bist nie allein
Nie
Auch nicht, wenn du einmal traurig bist

23

Rosenmund
Du wunderbare, zarte Rose,
die auf dem Boden meiner Liebe blüht,
und deren Tau mir, einmal eingesogen,
Lebensnektar ward

24

Leichtigkeit

Schmetterlinge flattern um Blumen und Bäume.
Libellen segeln
übers Wasser und berühren Seerosen
voll Zärtlichkeit...
Die Sonne glitzert und Lerchen steigen hoch zum Himmel
und Reiher stehen ruhig in Teich
Ich bin leicht und voll Freude wie ein Kind..
und meine Seele tanzt in all der Fülle.
leicht durchs Leben..
leicht... ganz leicht..
wie der Schmetterling, wie die Libelle

25

Viel zu viel
Ich nehme gerne,
was zu mir kommt, wie ein Schmetterling
ohne Druck
ohne Mühe.
wozu das "Immer mehr"?
wozu das "Immer weiter"
wozu das "Viel zu viel"
Wenn ich satt bin, esse ich nichts mehr
wenn ich genug habe, kauf ich nichts mehr
Die Welt ist auch zu Hause schön--
die Sonne scheint mir an der Donau
so schön, wie am Meer
Was leicht zu mir kommen will,
wird leicht bei mir bleiben wollen
wird mich nicht fliehen
wird mir nicht schwere Last..
wenn ich nur nehme,was ich brauche,
bleibt genug zum Glück für Alle

26

Friede
Der Friede ist mitten unter uns
so hab ich gerade gelesen
ja er ist hier...
in unserer Mitte
gehört zu uns...
will mit uns sein...
so, wie die Liebe mit uns sein will
und die Milde
und die Freundlichkeit
und die Zartheit
und alle guten Gedanken
und alle Engel des Himmels mit uns sein
wollen.
Komm
öffne dein Herz

sieh hin
und du wirst ihn spüren den Frieden,
und hör genau
denn seine Stimme ist leise,
nicht so laut wie die des Hasses
und sein Wirken ist sanft, wie ein milder Windhauch.
Der Friede wartet ... wartet auf dich
und auf mich
auf uns alle
er wartet seit Äonen und
wartet seit Äonen vergeblich
Aber er wartet weiter...
denn irgendwann darf er seine Flügel ausbreiten
und uns Segen bringen!
Wenn du willst,
wenn ich will,
wenn wir wirklich wollen
darf er das schon heute!
Denn
der Friede ist mitten unter uns...

27

Schönheit

So viel Schönes rund um mich!
Je mehr ich es sehe,
je mehr verschwinden die Schatten..
und meine Seele wird zum Tempel des Friedens
und ich spüre die große Zartheit des Kosmos
die mein Herz berührt und verwandelt.
Sehnsucht, belebende Sehnsucht
nach Schönheit und Anmut!
Und nach segnender Reinheit
die mich schirmt gegen die brausenden Stürme
der Zeit.
Und in mir die Türen öffnet, für vollkommene
Heilung !

Freude

Wie glücklich macht das Kleine!
Wiesenblumen
kühles Wasser
ein nettes Wort, ein Lächeln
Es gibt doch viel mehr Schönes
Liebenswertes, als wir glauben.
und jeder Augenblick birgt Schönes
ich sehe die Schönheit in dir
spüre die Freude im Wind
und höre das Lachen des Regens
weil ich es sehen, spüren, hören will
so bleibe ich in mir
heiter und gelassen
und freu mich an der Welt.

Verliebt

Verliebt
in die Schönheit
in die Leichtigkeit
in die wunderbare Harmonie des Universums
verliebt in den Wind
in Blumen Bäume, grüne Wiesen
in schattige Wälder
und funkelnde Teiche
mit Fröschen, Fischen und tanzenden Nymphen
Verliebt sein
und das Leben kann frei fließen,
wie ein heller, strahlender Bach
verliebt sein... und die Tore zu Traumwelten
öffnen sich

Worte der Liebe
Wie zarte Blumen
sanft und duftend
kostbar und auch selten.
Worte der Achtsamkeit
der Liebe
Worte des Respekts
der Milde
der Wahrheit
Wozu Anderes sprechen..
wozu verletzen
wozu Derbheit und Lärm?
Wie zarte Blumen
mögen meine Worte sein.

Schönheit

Schönheit ist mein Heimatland
Zartheit, Sanftheit, Harmonie
Ich lasse mich fließen in grenzenlose Herrlichkeit
und gehe auf im Zauber kosmischer Grazie.
So ist nichts Hartes, Lautes, Derbes mehr um mich
und nicht mehr in mir ---
und in der Erhabenheit kosmischen Glanzes,
finde ich Vollendung.
Ein Phönix aus der Asche aufgestiegen,
lasse ich die Fesseln der Zeitlichkeit hinter mir
und singe das ewige Lied des Heiligtums.
Im weißen klaren Licht der wahren Heimstatt
der nie endenden kosmischen Anmut!

Hinab

Tief hinab geht der Weg
tief hinab, wo es nicht mehr weiter geht,
Tief hinab in die Angst, in die Trauer, in die Einsamkeit,
in die tiefe Nacht der Seele.
Dorthin, wo die zerbrochenen Träume wohnen,
die gescheiterten Hoffnungen
die alten, vergeblichen Lieben.
die Geister der Vergangenheit,
die, längst tot geglaubt,
noch immer leben, noch immer drohen.
Und ich blicke sie sanft an, die Schreckgespenster,
trotz allen Schauderns
und ich nehme sie wahr..
Gedanken, die ich als Kind hatte
Wünsche von damals
unterdrückt, verboten, verbogen
verletzt ---
doch nie verloren ..
Heute wollen sie neu leben mit mir
unverhüllt
neu erkannt
neu gehütet
neu geliebt..
Was ich heute fürchte,
sind die Zerrbilder alter Träume,
die einmal schön waren, zart und wundersam bunt.
Was mich heute traurig stimmt,
sind die Freuden alter Zeit, die jubelnd um mich sein wollten,

und die ich. doch nie erreichte
Was ich heute hasse, ist das Schattenbild vergangener Liebe ,
die sich nie erfüllen durfte..
In allen Verzerrungen und Masken,
erkenne ich euch heute wieder..
und wunderbares Sonnenlicht schmilzt das Eis das euch gebannt.
Ich heiße euch willkommen, Träume meiner Kindheit..
Hoffnungen der Jugend!
vielleicht kann ich euch, alternd, heute besser dienen.

Schwarze Schafe

Ich wünsche Glück den Mutigen
Ich wünsche Glück denen, die die Reihe verlassen,
Die Reihen der Angepassten
und die Reihen der Anpasser
Ich wünsche Glück denen,
die ihre Meinung haben
nicht die der Zeitungen
nicht die des Fernsehens,
nicht die der Parteien,
nicht die der Seilschaften,
nicht die, der Mehrheit..
ich wünsche Glück denen, die anders sind
nicht zu den Geschniegelten, gehören,
den Erfolgsgebräunten,
nicht zu denen,
die nur im Wirtschaftswachstum groß sind!
Ich wünsche Glück denen, die ihre Wurzeln haben,
ihren Boden, und ihre Werte,
und diese Werte mutig leben
Ich wünsche Glück denen, die ihre Mäntel nicht
nach den Winden drehen..
und nicht allen Moden folgen, schon gar nicht
denen des Denkens..
Ich wünsche Glück denen, die trotzdem lieben
können,
mit anderen fühlen,
offen sind für Schönheit, Zartheit, Freundlichkeit.
Ich wünsche Glück den schwarzen Schafen -- wir

sind wenige,
komm, gesell dich zu uns.

Danke

Du bist ein kostbarer Stein im Diadem des Universums
wertvoll , einzigartig, wundervoll.
ich erkenne deinen Wert ,
auch unter merkwürdigen Verstecken..
Du bist wichtig, für mich und für dich.
Reichen wir einander die Hände
gehen gemeinsam auf staubigen Straßen..
wir brauchen einander
Ich danke für dein Sein
danke dir und Gott
danke, dass ich nicht allein gehen muss --
dass ich dir zur Seite stehen kann..
Wir alle sind verbunden
durch kostbares Gewebe
Ich freue mich dankend
Menschen um mich zu wissen...

35

Jeden Morgen
Jeden Abend
Verzaubert mich
Ein wundersames Amsellied
Leicht und freundlich
Frieden bringend
Segensvoll
Ich möchte sein,
wie dieses Lied
So glücklich machen
So voll Anmut sein
Wie ein zarter Himmelsgruß
Wie ein Duft aus einer Welt
voll Zartheit
Und voll von Engelslächeln

36

Im letzten Sommerglühen
im Herbstgold
berührte ein Himmelsengel
mir das Herz mit einer Zauberblume.

Ganz tief hinein ging mir ihr Strahlen
und tot Geglaubtes
wachte auf zu neuem Leben.

Ich sehe nun die Welt
gleichsam völlig neu
endlich so
wie sie sein kann
schön
bunt
und liebevoll.
Und die Menschen
engelgleich und voll von Freude.

Und ich lerne zu fliegen,
frei zu werden
leicht zu werden
jung zu werden.

Ich sehe die Welt ,
wie sie gemeint
vor Anbeginn
und fühle mich
so wie ich geplant
von Gott.

Und so lerne ich
immer höher zu steigen,
Mit dem Zauberengel
von ihm
in meiner Seele erkannt
so wie er von mir,
zwei und eins
und eins in Seligkeit.

Ich selbst
erkannt
und wahrgenommen
sehe die Welt
mit Gottes Augen
die zugleich
die meinen sind.

37

Mancher Engel fällt zur Erde
und er tut sich dort weh.
Und er verliert seine Flügel,
doch sein Licht bleibt in ihm.

Du kannst es sehen
in seinen Augen
in seinem Lächeln.

Und er geht als Segen durch die Welt
er spricht mit den Tauben und Krähen
tröstend zu Pferden, die an die Kutschen gefesselt
und mit den alten Karpfen im tiefen Wasser.
Und den Bäumen im Wald
und den Blumen im Feld.

Gibt er einer Bettlerin Geld,
dann kniet er sich zu ihr,
um deren Scham zu mildern
und er setzt sich lächelnd zu denen
die von allen gemieden.

Er bringt Schönheit in die Welt
zarte Farben

Anmut
und unendliche Himmelsliebe
und wenn er lacht,
so klingt das so fröhlich und leicht
wie blaue Libellen, die übers glitzernde Wasser
tanzen

er Ist so zart
so zerbrechlich und fein
wir müssen ihn hüten und schützen
vor dem Lärm dieser Welt

Oft ist er einsam
oft ist er traurig
doch sein liebendes Licht ist es,
wodurch die Welt besteht.

Verbunden
Verbunden
vereint.
Nicht mehr zwei, nein eins.
ein Herzschlag, ein Atem
ein Leben, ein Lieben.
Gräben sind
überwunden,
Grenzen sind verschwunden
tiefste Harmonie
vollkommene Hingabe,
vollkommenes Verstehen.
Jedes Sehnen ist erfüllt
jede Hoffnung wurde wahr..
ein Herzschlag, ein Atem
ein Leben, ein Lieben.

© 2019 Macek, Thomas
Herstellung und Verlag: BoD – Books on Demand,
Norderstedt
ISBN: 9783738609004

Nachwort: Lieber Thomas, ich hoffe, Deine Texte erreichen viele Menschen. Denn sie geben Mut und Zuversicht – das brauchen wir heute. Ich jedenfalls wünsche Dir von Herzen, dass Du Deinen Weg in der Schreiberei weiter gehst und auch den Blick für das Kritische nicht verlierst. Aber das vielleicht mal irgendwann in einer weiteren kleinen Sammlung. Eventuelle kleine Kinderkrankheiten als Herausgeberin verzeihst Du mir sicherlich, denn immerhin ist es zwar nicht mein erstes Buch- aber mein erstes für andere Autoren. Danke für Dich - auch im Namen der Kunst-Gammler- Beteiligten. B.G.

Es folgen ein paar leere Seiten für eigene Notizen...vielleicht werden Sie selbst zum Schreiberling? Nur Mut...